Du hast es

Geschafft

Was Mann ab 70 alles tun darf!

AF202751

Morgens Schnaps trinken

Herzlichen Glückwunsch zum 70. Geburtstag und willkommen auf der Spaßseite des Lebens, in welcher Sie – statistisch betrachtet – nun so ziemlich alle gesundheitlichen Risiken erfolgreich umschifft oder gemeistert haben und Ihrem 100-jährigen Geburtstag somit rein rechnerisch fast nichts mehr im Wege steht.

Grund genug, sich jetzt schon mal auf diese Millenniumsfeier vorzubereiten. Schließlich möchten Sie auf der Sause in dreißig Jahren einen rüstigen Eindruck hinterlassen. Training ist da alles. Auch beim Alkohol. Gönnen Sie sich darum morgens schon mal ein Techtelmechtel mit einer kleinen Klosterfrau aus Melissengeist. Das ist irgendwie auch Medizin, hält Sie im Umgang mit Promille in Form und erheitert den Blick auf das Tagesgeschehen. À votre santé!

E-Mobilität nutzen

Dank Ihrer Geburt zur rechten Zeit sind Sie am richtigen Ende der Fortschrittsspirale herausgekommen. Nicht nur, dass Sie in Ihrem Arbeitsleben von Computern und Robotern weitgehend verschont geblieben sind, Sie haben es obendrein ausschließlich mit der Sonnenseite von Technologie zu tun und können zum Beispiel den Segen der E-Mobilität nutzen. Fahrräder mit E-Motor etwa haben einen sportlichen Look und sind beim Nachfahren von Tour-de-France-Etappen eine echte Hilfe. Toll sind auch sogenannte Seniorenmobile, mit deren Hilfe Sie ganze Bürgersteige leerfegen können. Die Dinger sehen nicht nur aus wie eine Vespa, man kann sie ähnlich schnell frisieren. Beschließen Sie den Tag mit einer smarten Runde auf dem Treppenlift und freuen Sie sich, dass man endlich auch mal an Sie gedacht hat!

Fluchen

Was ist nur aus dieser Welt geworden? Ein Müllplatz der Manieren, in dem der Begriff „Anstand" zu den verloren gegangenen Worten eines untergehenden Sprachschatzes zählt. Warum um alles in der Welt sollten ausgerechnet Sie weiter in einem Duktus sprechen, den offenbar keiner mehr versteht?

Schenken Sie sich darum den Gebrauch höflicher Floskeln und lernen Sie fluchen oder – wie das heute heißt – rappen. Ein Sprachkurs bei jungen Verhaltensauffälligen wie den Herren Bushido oder Haftbefehl wird Sie in eine vielleicht nicht schöne, aber in jedem Fall interessante Welt der Beschimpfungen entführen. Lernen Sie fleißig und freuen Sie sich an dem Gesichtsausdruck der Arzthelferin, wenn Sie diese mit „Yo, Bitch!" begrüßen oder dem Ihres Bäckers, wenn Sie ihn Ihren „Babo" nennen. Wenn Sie nach einiger Zeit fließend rappen können, stehen Tonaufnahmen und Einkünften, etwa als „Jurassic-MC", nichts mehr im Wege. Check it out, brotha!

Die Kinder quälen

Wem hat man sein Leben geschenkt, seine Gesundheit, sein Vermögen, seine Zeit? In der Hauptsache den Kindern. Und haben sie es einem gedankt? Außer mit Pflichtbesuchen an Weihnachten und schlecht ausgesuchten Geburtstagsgeschenken? Eben. Aber das muss man nicht tatenlos hinnehmen.

Schließlich bieten die meisten Nachkommen erhebliches Optimierungspotenzial, denn kaum einer ist Bundeskanzler, Bundestrainer oder König von England geworden. Ihre ganzen Mühen und Leiden, alles für die Katz! Das sollten Sie offen thematisieren. Am besten bei offiziellen Gelegenheiten mit reichlich Fremdschäm-Potenzial für Ihre Kids. Lassen Sie Ihrer Enttäuschung ruhig freien Lauf, wenn der neue Chef Ihres Sprösslings zugegen ist. Auch bei Verlobungen dürfen Sie gerne zeigen, wie sehr Sie diese Liaison trifft. Ihre Kinder werden Höllenqualen leiden. Tja, hätten die sich beim Geschenkeaussuchen mal mehr Mühe gegeben.

Anzügliches sagen

Weil es schon immer galt, mit den sich ändernden Zeiten mitzuhalten, ist es sportlich zu nehmen, dass die Fahrtrichtung dieser Zeiten gerade steil nach unten, in die tiefsten Keller menschlichen Miteinanders, führt. Das merkt man gerade im Umgang mit dem weiblichen Geschlecht.

Was bringen Ihnen charmante Komplimente in einer Welt, in der das Wackeln mit dem nackten Hintern „twerken" heißt und in Tanzschulen gelehrt wird? Wenn Sie also zur Wirklichkeit aufschließen wollen, darf es Sie keine sprachliche Überwindung kosten, ein paar wunderschöne Brüste auch mal als „geile T*****", na ja, eben zu titulieren. Wundern Sie sich nicht, wenn die so angesprochene Dame sich dafür sogar bedankt. „Notg***** alter Sack" ist schließlich auch nur die sprachliche Entsprechung für „Vielen Dank für das nette Kompliment".
O tempora, o mores!

Boxen

Der Körper des Menschen ist sein Tempel, weiß schon die Bibel. Gut, vielleicht haben Sie ihren die letzten vierzig Jahre ein wenig anders genutzt. Mehr so als Kneipe oder Restaurant. Jedenfalls ist die große Sieben ein hervorragender Anlass, dieser Tempelschändung jetzt etwas entgegenzustellen.

Lassen Sie sich dabei nicht auf zeitraubenden Unsinn wie Marathon-läufe oder Power-Yoga ein. Es gibt nur einen echten Männersport: Boxen. Dankenswerterweise bieten viele Gyms auch Seniorenkurse an. So kommen Ihnen die viel zu klapprigen Alteisen Ihrer Generation gar nicht erst vor die Fäuste, wenn Sie erst mal Ihren Rocky III –Trainingsplan durchgezogen haben. Viel Erfolg beim Weg ins Schwergewicht und machen Sie's wie alle Profis: Lassen Sie sich vorher durchchecken. Wenn Sie anschließend die Überweisungs-route zu den Fachärzten ablaufen, haben Sie schon einen Großteil der geforderten Wettkampf-Kilometer hinter sich gebracht. Rock...y on!

Krank sein

Bisher haben Sie ein Leben als Fels in der Brandung gelebt. Ärzte kannten Sie nur aus dem Fernsehen und zur Arbeit gingen Sie notfalls auch noch mit dem Kopf unterm Arm. Auch wenn Sie das noch eine Weile so weitermachen könnten, ist es jetzt angemessener, nicht mehr Lastenträger, sondern Lastengeber zu sein.

Wie sonst sollen die unreifen Sprotten U60 denn sonst lernen, auch mal was auf die Reihe zu kriegen? Es ist an der Zeit, jedes Zipperlein großflächig an die Wand zu malen und laut leidend nach Hilfe zu rufen. Pädagogisch besonders wertvoll sind Beschwerden ohne klaren Befund, aber mit deutlicher Einschränkung Ihres Bewegungsradius. Damit können Sie in hoher Frequenz Krankentransporte zu einer Vielzahl von Fachärzten abrufen und Ihren Lieben gleichzeitig das mulmige Gefühl bescheren, nur zu simulieren. Springen Sie zwischendurch ruhig mal munter wie ein Reh von Ihrem Sessel auf und machen Sie so die Verwirrung komplett. Entsprechende Krankheiten hierzu finden sich reichlich im Internet.

Internet-Pornos gucken

Was wissen diese ganzen verklemmten Lemminge der Generation Aids schon von freier Sexualität? Gar nichts. Schließlich hat Ihre Generation nicht nur Pornos geguckt, viele haben Pornos GELEBT. Die freie Liebe! Wer zweimal mit derselben pennt, gehört schon zum Establishment!

Junge, das waren Zeiten! Da ist das Gucken von Internetpornos keine Schweineigelei, sondern bloß eine historische Zeitreise in die Tage Ihrer Jugend. Nur, dass Sie früher besser ausgesehen haben und viel mehr Spaß dabei hatten, als diese ganzen glatt rasierten Hochleistungs-Erotiker, die sogar aus der schönsten Sache der Welt einen Bettkampf machen müssen. Sehen Sie darüber hinweg und lassen Sie die Erinnerung kommen. Wenn's Ihnen gar zu mechanisch wird, nehmen Sie die Brille ab. Der natürliche Weichzeichner hilft, selbst diese Bilder zu verklären.

Die Wahrheit sagen

Die wahrste aller Wahrheiten ist die, dass keiner die ganze Wahrheit wirklich hören will. Denn selten ist die Wirklichkeit so schön, dass man ihrer völlig ungeschminkt ansichtig werden möchte.

Da ist es nun an Ihnen, eine wichtige gesellschaftliche Position einzunehmen, nämlich die des Realitätsverkünders, volkstümlich auch „Stinkstiefel" genannt. Nutzen Sie jetzt jede Gelegenheit, der Wahrheit zu ihrem Recht zu verhelfen. Wem bringt es etwas, dass sich alle das augenscheinlich ADHS-kranke Nachbarskind als „hochbegabt" schönlügen oder seine fette Mutter als „Vollweib" bezeichnen? Noch mehr Potenzial bieten die Ortsverbände von Parteien. Es ist nicht nur wichtig, sondern einfach auch befreiend, den örtlichen Abgeordneten als „Lügner", „unfähig" und „kriminell" zu bezeichnen und dafür noch nicht einmal strafrechtlich belangt zu werden. Die Wahrheit tut oft weh, aber Hauptsache: nicht Ihnen.

Lecker essen

Der Überfluss unserer Zeit hat schon etwas Bizarres. Während sich in den Supermärkten die Regale unter der Last der feinsten Leckereien nur so biegen, versuchen alle ununterbrochen, genau diesen Versuchungen zu widerstehen. Was übrig bleibt, sind Berge von Essen, die wegzuwerfen Ihnen schon Ihre Nachkriegserziehung verbietet.

Es ist also nicht weniger als die Erfüllung Ihrer Bürgerpflicht, ran an den Speck zu gehen. Doch zeigen Sie dabei, dass Ihre Fressorgien nicht dekadent, sondern politische Aktionskunst gegen den absurden Reichtum der ersten Welt ist. Organisieren Sie sich mit Freunden, tafeln Sie demonstrativ auf dem Marktplatz Ihrer Gemeinde und führen Sie den ignoranten Mitbürgern deren beschämenden Überfluss vor Augen. Nehmen Sie sich aber auf jeden Fall vom Schampus und dem Beluga-Kaviar. Es ist ja für die gute Sache ...

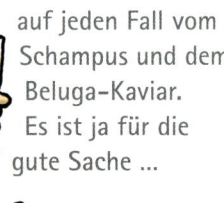

Unverständnis zeigen

Alles verstehen musste man ja noch nie, aber es war selten so angezeigt wie jetzt, sein komplettes Unverständnis auch deutlich zu äußern. Dieses Unverständnis ist eine scharfe Waffe, denn es entlarvt die Ahnungslosigkeit selbst ernannter Experten in diesen rasend schnellen Zeiten.

Heuern Sie darum als Testkunde bei Stiftung Warentest an und treiben Sie im Elektromarkt diese selbstgefälligen Verkaufsbürschchen mit Ihrem Unverständnis für die Funktion digitaler Eierkocher an den Rand ihres mehr als überschaubaren Wissens. Zeigen Sie Ihr Unverständnis auch beim Ein- und Auschecken mit Smartphones am Flughafen und kämpfen Sie für die Rückkehr der guten alten Bordkarten. Sie werden sehen, Ihr Unverständnis demaskiert nicht nur die angeblich Verständigen, es findet auch den Applaus derjenigen, die auf dem gleichen Schlauch stehen wie Sie.

Einnicken

Im Laufe Ihres langen Berufs- und Familienlebens haben Sie sicher einige Strategien entwickelt, endlose Meetings und quälende Verwandtschaftsbesuche in einer Art Wachstarre zu überstehen. Ein schlafähnlicher Zustand, um dessen Erlangung Sie berühmte Yogis weltweit beneiden.

Diese Camouflage-Technik, die Ihnen hinter der Maskerade eines interessierten Blicks das völlige Aussetzen nahezu allen Bewusstseins ermöglichte, brauchen Sie nun nicht mehr anzuwenden. 70 ist ein tolles Alter, um in einer langweiligen Gesellschaft am Tisch einzuschlafen. Niemand wird Ihnen das mehr verübeln. Nutzen Sie diese neue Freiheit aus und sorgen Sie schon vor den Treffen dafür, dass selbst lautstarker Streit Sie nicht am Schlaf hindert. Ein probates Schlafmittel etwa ist Haschisch, das Sie gegen genug Jammern in Topqualität von Ihrem Doktor verschrieben bekommen. Donnerlittchen, Dope vom Doc – das hätte Ihnen mal einer in den späten 60ern erzählen sollen. Egal, schlafen Sie schön!

Unpünktlich sein

Unter dem Strich sind strikte Zeitvorgaben ausschließlich dafür gut, einen unausgeschlafenen und schlecht gelaunten Haufen Menschen zu einer unmöglichen Uhrzeit an einem Platz zu versammeln. Eine Methode, die beim Militär für eine gesunde Grundaggression sorgt und im Verteidigungsfall sicher sinnvoll ist.

In allen zivilen Bereichen erzielt man damit Ergebnisse, wie wir sie von Anrufen beim Kundenservice oder von der Supermarktkasse kennen. So viel schlechte Laune brauchen Sie nicht mehr. Unterteilen Sie Ihren Tag nicht mehr in Stunden und Minuten, sondern in „gleich" und „später". Entschuldigen Sie die dadurch entstehenden Verspätungen damit, dass Sie vergessen haben, auf die Uhr zu schauen und tragen Sie zur Demütigung Ihres Gegenübers dabei immer eine fette Rolex. Der wahre Luxus ist nun mal Zeit – und der Neid der anderen!

Logisch handeln

Wenn es einen Beweis für ein Leben nach dem Tod gibt, dann den, dass man als Dummerle geboren wird und dereinst in großer Weisheit gehen wird. Unsere irdische Zeit kann also nur eine Art Bootcamp für eine höhere Ebene sein.

Wer wie Sie eigentlich schon genug Weisheit für den nächsten Schritt angehäuft, aber noch einige Runden auf dem Erdball zu drehen hat, der kann dieses erlangte Wissen aber auch schon hier und jetzt nutzen und das tun, was einem nur die Weisheit erlaubt: logisch handeln. In Ihrem Fall ist der Kauf eines Sportwagens logisch, weil: warum nicht? Hieraus folgt logischerweise ein netter Abend mit einer heißen Escort-Braut, weil: Was soll's? Diese mit nach Ibiza zu nehmen und ihr die Kreditkarte zum Shoppen zu leihen, logisch, weil: Sch*** drauf. Wer auch immer Sie dann verständnislos fragt, warum Sie das tun, dem antworten Sie: „Ich bin 70." Logisch, oder?

Junge Mädchen ignorieren

Männer sind Philanthropen. Sie lieben den Menschen, nicht seinen Besitz. Zumindest wenn der Mensch weiblich und unter dreißig ist. War man in jungen Jahren bereit, für die Gunst eines solchen Menschen Schläge einzustecken oder sich hoch zu verschulden, so kann ein Herr Ihres Alters derlei Schönheit goutieren, ohne sie gleich besitzen zu müssen.

Wer schöne Bilder liebt, geht schließlich auch ins Museum und kauft sich nicht gleich so ein Teil. Auch als Statussymbol dienen die Püppchen kaum noch, weil man ständig für den Vater gehalten wird und somit gleich doppelt so alt daherkommt. Genießen Sie die Jugend schöner Frauen darum lieber gar nicht mehr oder bestenfalls aus der Ferne. Wenn das schwerfällt, stellen Sie sich einfach irgendeinen Donnerstag mit der Dame vor – nach sechs Monaten gemeinsamen Alltags. Sofort kommt Ihnen die Beziehungserkenntnis Nr. 1 in den Sinn: Kennste eine, kennste alle. Na ja, und das brauchen Sie so doch auch nicht mehr.

Vom Testament reden

Sie haben es sicher schon bemerkt: Die Besuche von Verwandten ersten und zweiten Grades nehmen mehr und mehr zu. Angehörige umkreisen den Menschen nicht erst wie die Geier, wenn er das 70. Lebensjahr erreicht hat. Aber ab dann spätestens. Sicherlich war 70 bis vor hundert Jahren ein biblisches Alter.

Aber da gab es auch noch keine Biomärkte und Kernspintomographen. So müssen Sie sich nun das elende Geschwänzel Ihrer vom Trieb fehlgesteuerten Verwandten wahrscheinlich noch 25 Jahre lang anschauen. Tun Sie sich und denen darum den Gefallen: Spielen Sie einfach mit. Werfen Sie den Hunden Knochen vor, indem Sie regelmäßig Testamente aufsetzen, ändern und immer schön die Begünstigten wechseln. Das hält die Familie auf Trab und Sie im Mittelpunkt des Geschehens. Und am Ende ist es auch egal, wer was kriegt – you can't take it with you.

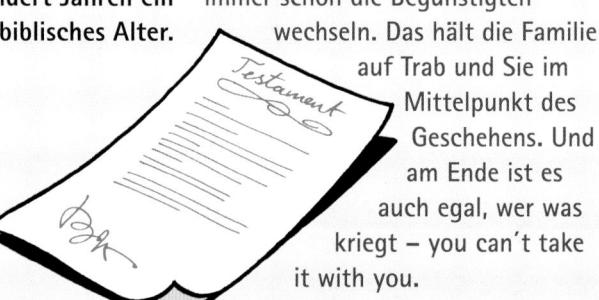

Alles zweimal lesen

Das ist natürlich völliger Blödsinn. Sie brauchen nach wie vor nichts zweimal zu lesen.

Jeder einzelne dieser kleinen Texte hat sich sofort auf Ihrer Festplatte eingebrannt, es fehlt nicht viel und Sie könnten die Geschichten sofort auswendig rezitieren. Dass ein Golden Ager zur Vergesslichkeit neigt und es oftmals noch nicht einmal merkt, wenn er ein und denselben Text zweimal liest, ist nichts als die bösartige Behauptung von Leuten, die noch nicht einmal 60 sind und meinen, sie wären schon erwachsen. Lassen Sie sich nichts einreden. Ihr Gedächtnis ist phänomenal. Alles zweimal lesen – ja geht's noch?

Alles zweimal lesen

Das ist natürlich völliger Blödsinn. Sie brauchen nach wie vor nichts zweimal zu lesen.

Jeder einzelne dieser kleinen Texte hat sich sofort auf Ihrer Festplatte eingebrannt, es fehlt nicht viel und Sie könnten die Geschichten sofort auswendig rezitieren. Dass ein Golden Ager zur Vergesslichkeit neigt und es oftmals noch nicht einmal merkt, wenn er ein und denselben Text zweimal liest, ist nichts als die bösartige Behauptung von Leuten, die noch nicht einmal 60 sind und meinen, sie wären schon erwachsen. Lassen Sie sich nichts einreden. Ihr Gedächtnis ist phänomenal. Alles zweimal lesen – ja geht's noch?

Weit ausholen

Zeit ist ein kostbares Gut, von dem man nie genug haben kann. Grund genug, es zu vermehren, indem Sie anderen etwas davon stehlen. Arbeiten Sie dafür zum Beispiel an Ihren Qualitäten als Erzähler. Testpersonen dafür gibt es überall. Suchen Sie sich Situationen der Unausweichlichkeit, etwa, indem Sie sich im Bus neben einen Fenster-Sitzer platzieren und diesem ungefragt Ihre ganze Lebensgeschichte erzählen.

Oder gehen Sie regelmäßig zum Friseur. Ruhig täglich, auch dann, wenn es bei Ihnen nichts mehr zu frisieren gibt. Einzige Regel: Nie während des Rasierens zu weit ausholen, man weiß nicht, wozu der Kollege in seiner Verzweiflung fähig ist. Ansonsten erzählen Sie, was Ihnen in den Sinn kommt. Hauptsache lang und breit. Genug zu berichten gibt es schließlich. Wer immer behaupten mag, ihn interessiere das nicht, kann nur ein Lügner sein. Schließlich hat er ja noch nicht einmal einen Bruchteil Ihrer Erzählungen gehört. Geben Sie gerade diesen Zweiflern mit weiteren Geschichten eine zweite Chance!

Nachts ausgehen

Die Nacht ist nicht allein zum Schlafen da, wusste schon ein Schlager aus den 1930er-Jahren zu berichten. Zumal Schlaf sowieso überbewertet wird und man gottlob im Alter weniger davon braucht. Vor allem, weil man im Büro jahrzehntelang ausreichend vorgeschlafen hat.

Die so gewonnene Wachphase lässt sich prima dazu nutzen, um nachts mal wieder um die Häuser zu ziehen. Um in dem sehr jungen Umfeld nicht wie ein Fremdkörper zu wirken, empfiehlt sich für Ihre neue Nachtaktivität ein lukrativer Nebenjob wie Zeitungsverkäufer oder der Betrieb eines mobilen Spätis. So werden Sie ein natürlicher Teil des Nachtlebens Ihrer Gemeinde, bekommen von den Mädels süße Kosenamen und von den Jungs schon mal einen ausgegeben. Im Nu sind Sie Kult, man sieht Sie im Regionalfernsehen und eine AStA-Partei benennt sich nach Ihnen. Von wegen Altwerden ist Mist – DAS hätten Sie mit dreißig niemals so hingekriegt!

Schrullige Hobbys pflegen

Um in diesen verrückten Zeiten ein exklusives, gar schrulliges Hobby zu haben, braucht man eigentlich nur das Steckenpferd der eigenen Jugend wieder aufzunehmen. Wer heutzutage Briefmarken sammelt oder Zinnsoldaten gießt, kann sicher sein, Kulturtechniken zu praktizieren, die den Smartphone-Junkies schon vor Jahren verloren gegangen sind.

Um bei der Ausübung seines Hobbys aber nicht nur Kopfschütteln, sondern auch helle Aufregung bei den selbst ernannten Erben auszulösen, bieten sich Betätigungen an, die durch ihren hohen finanziellen Aufwand hervorstechen. Beginnen Sie darum eine Karriere als Freizeit-Archäologe bei Ausgrabungen in Südamerika. Oder investieren Sie einen hohen Geldbetrag in ein Start-up und fragen Sie danach Ihre Kinder, was so ein Start-up eigentlich ist. Sie werden sehen, Ihre Hobbys werden das Dauerthema in der Familie sein.

Eine Firma gründen

Der Philosoph und Schriftsteller Albert Camus sagte einmal, man müsse sich Sisyphos als glücklichen Menschen vorstellen, denn er hatte immer etwas zu tun. Da ist eine Menge Wahres dran und weil obendrein laut Hermann Hesse jedem Anfang ein Zauber innewohnt, ist 70 das perfekte Alter, um eine Firma zu gründen. Zeit, Geld, Erfahrung, Kontakte – alles, woran es diesen ganzen jungen Wurschtlern fehlt, ist bei Ihnen ja reichlich vorhanden. Wenn Sie gerade keine Idee haben, was das für eine Firma sein könnte, gründen Sie einfach eine zur Beratung von Firmengründungen. Die erstbeste Idee, die dort einläuft, gehört Ihnen. Sie klauen sie – und machen dann bequem damit weiter. So einfach ist Kapitalismus. Viel Erfolg!

Anzug tragen

Der Schlips ist die Sklavenkette des weißen Mannes, wusste mal ein schlauer Mann zu sagen. In der Folge scheint es logisch, den Anzug als Sträflingskleidung vieler Werktätigen zu betrachten, wenn das nicht so furchtbar sozialistisch wäre. Und falsch obendrein. Denn das Tragen eines Anzugs ist Zeichen größtmöglicher Freiheit.

Es muss nur der richtige sein! Wer etwa morgens im Schlafanzug mit dem Bus zum Arzt fährt oder sich abends zum Bier nach dem Tauchtraining nicht umzieht, der beweist, dass er alle gesellschaftlichen Konventionen hinter sich gelassen hat und freibestimmt durchs Leben geht – bis er von den Kindern entmündigt und in eine therapeutische Anstalt gesteckt wird. So gefährlich kann Anzugtragen durchaus sein. Aber was soll's, solange alle glauben, dass Sie Ihr gesamtes Vermögen dem Tierschutzbund vermachen wollen, wird schon nix passieren. Ansonsten gilt: No risk, no fun! Zieh dir den krassen Anzug an, Mann!

Es besser wissen

Die schlimmsten Fehler sind die, bei denen man tatenlos zuschauen muss. Da hat man sich ein Leben lang die Finger verbrannt, um Kopf und Kragen geredet und vorschnell Entscheidungen getroffen, um nun mit den Lehren aus diesen Fehlern zuzusehen, wie die nachfolgenden Generationen wieder den gleichen Mist verbocken.

Wo bitte ist die Evolution, wenn man sie braucht? Da hilft nur eins, den Mund aufmachen und es besser wissen. Was will man auch sonst machen, wenn man es nun mal besser weiß? Und zwar immer. Zu jeder Gelegenheit. Politik, Sport, Menstruationsprobleme. Sie wissen halt Bescheid. Kein leichtes Schicksal, denn das macht einen ja nicht unbedingt sympathischer. Aber darauf darf man keine Rücksicht nehmen, wenn es um die Sache geht. Wissen Sie es besser, ist es besser so!

Abhängen

Müßiggang, oder wie man neudeutsch sagt „Abhängen", ist jetzt Teil einer gesellschaftlichen Erwartung an Sie, der Sie so oft wie möglich und für jedermann erkenntlich nachgehen sollten.

Besondere Aufmerksamkeit erlangen Sie dabei zum Beispiel beim Abhängen an der Discounter-Kasse, wenn Sie dort Ihrem neuen Hobby „Kleingeldzählen mit der sexy Kassiererin" frönen. Oder bei einer intensiven Lenkrad-Meditation im Auto, z. B. vor einer grünen Ampel. Werten Sie böse Blicke und genervte Kommentare als Applaus für Ihre Chill-out-Performance und vergessen Sie nicht, dass viele Yogatrainer und Entspannungs-Coachs Ihnen täglich für die hierdurch hinzugewonnenen Kunden dankbar sind!

Medikamenten-Experimente

Ist Rausch ein Menschenrecht? Erweitert er das Bewusstsein? Wenn Sie sich diese Fragen schon früher gestellt, aber deren Beantwortung wegen Beruf, Familie und dem Strafgesetzbuch für ein paar Jahrzehnte hintangestellt haben, dann herzlich willkommen in der Purple-Haze-Phase Ihres Lebens, in der chemische Drogen nicht mehr tabu, sondern Teil Ihrer täglichen Grundversorgung sind.

Ungeklärte Schulterschmerzen, Depressionen, Schlafstörungen – für jede Maläse hat die Pharmaindustrie Dutzende von Pillen designt, mit denen sich die tollsten Experimente durchführen lassen – vor allem, wenn man auf dem Beipackzettel die „Wechselwirkungen" studiert. Völlig egal, was dort steht, es knallt in jedem Fall noch geiler, wenn Sie dazu einen Eierlikör trinken. Zu Nebenwirkungen fragen Sie Ihren Arzt oder Apotheker, die haben sicher noch weitere Trips ... äh, Tipps für Sie.

Sich tätowieren lassen

Was hat man sich nicht alles verkniffen in vergangenen Jahrzehnten. Das Tête à Tête mit der süßen rothaarigen Kollegin, die Pokerrunden mit den versoffenen Brüdern aus dem ersten Stock, selbst das Carbon-Rennrad gab's am Ende zugunsten des Auslandsjahres für die Kinder nicht.

Was soll Sie aber jetzt noch davon abhalten, alles zu tun, was Sie jemals wollten? Gehen Sie darum in eine Tätowier-Stube und lassen Sie sich tätowieren. Aber nicht so ein bisschen auf dem Oberarm, nein. Nehmen Sie sich die Gesichtstätowierung der Maori zum Vorbild und lassen Sie sich volles Haar aus Tinte auf den Kopf malen. Schick ist auch eine Clownsnase oder ein tätowierter Oberlippenbart. Lassen Sie einfach Ihre Fantasie spielen – denn es gibt nichts und niemanden mehr, für den Sie auf etwas verzichten müssen, ganz egal, auf was.

Ewig gestrig sein

„Dem Alten verpflichtet, dem Neuen zugewandt" ist eine Lebenseinstellung, mit der es sich viele Jahre unbeschwert leben ließ. Bis dieses Internet zum Vorschein kam, aus dem ununterbrochen Gülle wie Globalisierung und Terror herausschießt wie aus einem defekten Abflussrohr.

Sollen doch alle in diesem Modder aus Tinnef baden – Ihnen steht es als reifer Herr frei, einfach im Gestern zu verharren. In einer Zeit mit stabilen politischen Verhältnissen, gesellschaftlichen Führern mit Meinung und Gesicht, felsenfester Währung, sicheren Arbeitsplätzen und Familien mit vielen Kindern. Tja, wäre nicht so schlecht, wenn das ewig Gestrige doch noch mal modern würde ...

Eine Rockband gründen

Was in den 60er- und 70er-Jahren nicht mal einem Comedy-Filmer eingefallen wäre, ist heute als globales Phänomen zu bewundern. Musiker, längst über siebzig Jahre alt, rocken die Stadien dieser Welt und alle gehen hin. Sogar die Jungen. Wo sich solche Trends aufzeigen, heißt es mitmachen!

Wer, wenn nicht Sie, könnte mit seinen Kumpels eine authentische Rolling-Stones-Coverband auf die Beine stellen oder einen AC/DC-Lookalike-Wettbewerb gewinnen? Entrümpeln Sie darum Ihren alten Instrumentenschrank und trommeln Sie Ihre Band zusammen, es geht wieder los! Selbst mit eigenen Songs haben Sie beste Chancen, in zwei bis drei Jahren die Mehrzweckhallen der Republik zu füllen, denn die Jungen nehmen alles, wenn es nur old-school und retro ist und die Alten können sich sowieso nicht mehr genau erinnern.
Keep on rocking!

Zu Hause bleiben

Obwohl man sich die ganze Welt per Knopfdruck in sein Wohnzimmer holen kann, reisen alle um den Erdball, als sei es eine Bürgerpflicht. Dabei sehen die meisten auf ihren großen Reisen lediglich das Bordrestaurant, die Animationsshow und die drei üblichen Postkartenmonumente.

Sparen Sie sich darum die Mühe und das Geld und machen Sie Weltreisen in Ihren eigenen vier Wänden. Für einen Bruchteil der Kosten können Sie Tänzer, Köche, Musiker und Tempelriten aus aller Welt zu sich nach Hause einladen. Machen Sie zum Beispiel zu Hause eine Wochenendreise nach Indien und werden Sie, trotz der exotischen Speisen, der erste Besucher des Subkontinents, der nicht an Diarrhoe erkrankt. Anschließend bringen Sie die für das Wochenende gekaufte heilige Kuh zum Schlachter und schauen beim Steakgrillen die WM-Endspiele von 1990 und 2014. Und morgens gibt es immer deutsches Brot. So geht Weltreise für Weltweise!

Geschafft

Endlich immer das passende Geschenk für alle MÄNNER!

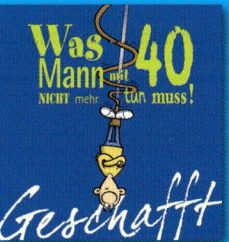

Idee / Text: Michael Kernbach

Cartoons / Illustration: Miguel Fernandez

14. Auflage 2025

© 2016 Lappan Verlag in der Carlsen Verlag GmbH,
Völckersstraße 14-20, 22765 Hamburg

ISBN 978-3-8303-4385-1

Mit Fragen zur Produktsicherheit wenden Sie sich bitte an:
carlsen.de/kontakt

Text: Michael Kernbach
Illustrationen: Miguel Fernandez
Herstellung und Gestaltung: Ulrike Boekhoff

FOLLOW US!
facebook.com/lappanverlag
Instagram.com/lappanverlag

LAPPAN.DE
LAPPANKALENDER.DE

MIX
Papier | Fördert
gute Waldnutzung
FSC® C002795